AF356027

RÉPUBLIQUE FRANÇAISE

MINISTÈRE DE LA GUERRE

CAHIER DES CHARGES COMMUNES

DU 18 NOVEMBRE 1926

POUR LA FOURNITURE DES

ESSENCES DE PÉTROLE

POUR

AUTOMOBILES ET AVIONS

DESTINÉES A L'ARMÉE

CHARLES-LAVAUZELLE & Cⁱᵉ

Editeurs militaires

PARIS, Boulevard Saint-Germain, 124

LIMOGES, 62, Avenue Baudin ǀ 53, Rue Stanislas, NANCY

1928

Direction des Poudres; Service des Essences.

Cahier des charges communes pour la fourniture des essences de pétrole pour automobiles et avions destinées à l'armée.

Document abrogé : *Cahier des charges générales du 15 mai 1908.*

Paris, le 18 novembre 1926.

1re PARTIE.

QUALITÉ DES PRODUITS

Article premier.

Les essences doivent provenir exclusivement du traitement du pétrole brut.

Elles ne doivent pas contenir d'eau et être exemptes de produits étrangers d'aucune sorte.

La teneur en composés sulfurés est déterminée d'après la teneur en soufre. Cette dernière doit être inférieure à 0,05 p. 100 en poids en ce qui concerne les essences d'aviation et à 0,10 p. 100 en ce qui concerne les essences pour automobiles.

Les essences doivent être incolores, limpides, même après agitation et ne donner lieu à aucun dépôt après un repos de cinq jours.

Elles doivent être parfaitement neutres et ne présenter ni réaction acide, ni réaction alcaline.

Article 2.

Les essences sont soumises à une épreuve de distillation effectuée, *ad libitum*, soit avec l'appareil Régnault de Luynes, modifié par Bordas, soit avec l'appareil Engler, du type de l'American Society for Testing Materials (A. S. T. M.). Les caractéristiques de ces appareils, ainsi que les modes opératoires qui doivent être suivis avec chacun d'eux, sont indiqués dans la deuxième partie du présent Cahier des charges.

Les températures indiquées plus loin comprennent la tolérance applicable à chaque appareil et s'entendent en principe pour des fractionnements effectués sous la pression de 760 millimètres de mercure. Toutefois, la variation des températures de fractionnement, lorsque la pression s'écarte de la valeur indiquée ci-dessus étant très faible (de l'ordre de 0,1 degré centigrade par millimètre de mercure), il n'y a pas lieu de faire la correction lorsque l'écart ne dépasse pas 20 millimètres de mercure en plus.

Par volume du distillat recueilli, on entend le volume total d'essence obtenu dans les éprouvettes placées à la sortie du réfrigérant, sans qu'il lui soit ajouté le résidu recueilli dans le ballon de distillation, après refroidissement de ce dernier à la température ambiante. Ce résidu, ramené à cette température, doit d'ailleurs n'être ni solide, ni pâteux.

Article 3. — Essences pour véhicules automobiles.

a) Originaires des États-Unis de l'Amérique du Nord.

Sont admises les essences répondant aux spécifications de distillation fixées par le Bureau des mines du gouvernement des États-Unis, pour la qualité appelée « Motor Gazoline », soit :

	APPAREIL Engler A. S. T. M.	APPAREIL Luynes-Bordas
Début	Avant 55°.	Avant 75°.
20 %	— 105°.	— 120°.
50 %	— 140°.	— 145°.
90 %	— 200°.	
95 %		— 220°.
Point sec.	— 225°.	
Volume du distillat.	Au moins 95%	

b) D'ORIGINE ROUMAINE, OBTENUE PAR SIMPLE DISTILLATION DU PÉTROLE BRUT.

Densité à 15° inférieure ou égale à 770.

	APPAREIL Engler A. S. T. M.	APPAREIL Luynes-Bordas
Début	Avant 100°.	Avant 100°.
20 %	— 120°.	— 125°.
50 %	— 130°.	— 135°.
90 %	— 155°.	
95 %		— 165°.
Point sec.	— 185°.	
Volume du distillat	Au moins 97 %	

c) D'ORIGINE RUSSE.

1° *Origine Grozny (Novorossik).*

Densité à 15° inférieure ou égale à 745.

	APPAREIL Engler A. S. T. M.	APPAREIL Luynes-Bordas
Début	Avant 60°.	Avant 80°.
20 %	— 105°.	— 115°.
50 %	— 130°.	— 135°.
90 %	— 175°.	
95 %		— 185°.
Point sec.	— 210°.	
Volume du distillat	Au moins 97 %	

2° *Origine Bakou (Batoum).*

Densité à 15° inférieure ou égale à 755.

	APPAREIL Engler A. S. T. M.	APPAREIL Luynes-Bordas
Début	Avant 80°.	Avant 80°.
20 %	— 100°.	— 105°.
50 %	— 110°.	— 115°.
90 %	— 140°.	
95 %		— 155°.
Point sec.	— 180°.	
Volume du distillat	Au moins 97 %	

d) D'origine persane.

Mêmes caractéristiques de fractionnement que pour l'essence américaine.

e) Originaires de Galicie.

Densit à 15° inférieure ou égale à 755.

	APPAREIL Engler A. S. T. M.	APPAREIL Luynes-Bordas
Début.	Avant 65°.	Avant 80°.
20 %	— 110°.	— 115°.
50 %	— 125°.	— 130°.
90 %	— 165°.	
95 %		— 180°.
Point sec.	— 195°.	
Volume du distillat.	Au moins 97 %	

Les essences d'autres origines, les mélanges d'essences d'origines diverses, et, d'une façon générale, toutes les essences ne rentrant pas dans les catégories ci-dessus, peuvent être admises après examen, par le Laboratoire central des poudres, d'un échantillon (de 2 à 5 litres environ) de l'essence proposée. Cet examen peut être complété, s'il y a lieu, par des essais pratiques effectués au banc et sur route.

Article 4. — **Essences d'aviation.**

Les essences d'aviation, quelle que soit leur origine, ne doivent pas contenir plus de 1. p. 100 (exprimé en amylène) de carbures éthyléniques.

a) Originaire des États-Unis de l'Amérique du Nord ou de la Perse.

Densité à 15° inférieure ou égale à 728.

	APPAREIL Engler A. S. T. M.	APPAREIL Luynes-Bordas
5 %	Avant 60°.	Avant 70°.
20 %	— 80°.	— 85°.
55 %	— 95°.	— 95°.
90 %	— 120°.	
95 %		— 125°.
Point sec.	— 140°.	
Volume du distillat.	Au moins 97 %	
Volume du distillat augmenté du ré idu.	Au moins 98 %	Au moins 97 %

b) D'ORIGINE ROUMAINE OBTENUE PAR SIMPLE DISTILLATION DU PÉTROLE BRUT.

Densité à 15° inférieure ou égale à 732.

	APPAREIL Engler A. S. T. M.	APPAREIL Luynes-Bordas
Début	Avant 60°.	Avant 70°.
20 %	— 85°.	— 90°.
50 %	— 95°.	— 100°.
90 %	— 125°.	
95 %		— 135°.
Point sec	— 150°.	
Volume du distillat	Au moins 97 %	
Volume du distillat augmenté du résidu	Au moins 98 %	Au moins 97 %

c) Sont admises les essences répondant aux caractéristiques suivantes :

Densité à 15° comprise entre 720 et 740.

	APPAREIL Engler A. S. T. M.	APPAREIL Luynes-Bordas
Début	Avant 60°.	Avant 70°.
10 %	— 75°.	— 80°.
60 %	— 100°.	— 105°.
90 %	— 130°.	
95 %		— 140°.
Point sec	— 155°.	
Volume du distillat	Au moins 97 %	
Volume du distillat augmenté du résidu	Au moins 98 %	Au moins 97 %

Proportion de carbures aromatiques mesurée au moyen de la température critique de dissolution dans l'aniline : au moins égale à 10 p. 100 en poids et au plus à 25 p. 100 en poids.

Aucune essence ne peut être acceptée comme essence d'aviation si elle ne rentre pas dans une des catégories explicitement visées au Cahier des charges, sauf si elle satisfait aux conditions de distillation imposées pour les essences d'origine américaine (a).

Toutefois, aux types d'essences *a*), *b*) et *c*), pourront en être ajoutés d'autres après agréage du Service technique de l'aéronautique. Pour faire adopter un nouveau type d'essence aviation qui puisse être ajouté au présent Cahier des charges, une demande doit être adressée au Ministre de la guerre (Direction des Poudres; Service des Essences, 11, boulevard Morland); demande indiquant les caractéristiques principales de l'essence à faire adopter. Si ces caractéristiques, vérifiées au préalable par l'analyse d'un échantillon de 2 à 5 litres déposé au Laboratoire central des poudres, sont jugées satisfaisantes pour que le nouveau type d'essence puisse être admis aux essais pratiques, ceux-ci seront faits, par le Service technique de l'aéronautique, sur un échantillon de 4.000 litres environ acheté au fournisseur. Ces essais terminés, le type d'essence proposé sera, s'il y a lieu, ajouté au Cahier des charges.

Article 5.

Les caractéristiques du Cahier des charges étant nettement déterminées, aucun échantillon préalable n'est demandé au fournisseur, mais celui-ci doit indiquer dans sa soumission l'origine et la nature de l'essence qu'il se propose de fournir et les caractéristiques de cette essence doivent être conformes au Cahier des charges.

Article 6.

Tout ce qui concerne la durée de validité des soumissions, les conditions d'agréage, de transport et de réception, les délais de livraison, les payements..., est indiqué pour chaque achat par un projet de marché tenant lieu de Cahier des charges spéciales.

2ᵉ PARTIE.

DESCRIPTION DES APPAREILS ET DES MÉTHODES QUI DOIVENT ÊTRE UTILISÉS POUR LA VÉRIFICATION DES PROPRIÉTÉS ÉNONCÉES DANS LA 1ʳᵉ PARTIE.

I. — DENSITÉ.

La densité est mesurée au moyen de densimètres convenablement tarés ou de la balance de Mohr. Si la mesure a lieu à la température t. (température du liquide), on ramène la valeur trouvée à celle qu'elle aurait si la température était de 15° au moyen de la table de correction des densités publiée par la Direction générale des Douanes le 1ᵉʳ juin 1911, sous le numéro 4140.

II. — ABSENCE D'EAU.

On recherche l'eau au moyen de sulfate de cuivre anhydre. On doit, en outre, vider et égoutter soigneusement le récipient qui contient l'échantillon dans un récipient en verre; s'il y a de l'eau, elle apparaît au fond du verre.

III. — NEUTRALITÉ AUX RÉACTIFS COLORÉS.

a) Introduire dans un tube à essai 10 centimètres cubes de l'essence à essayer et 10 centimètres cubes d'eau distillée additionnée d'une goutte d'une solution à 1 p. 100 de phénolphtaléine neutre. On ne doit pas observer, après agitation énergique, de coloration rose ou rouge dans le liquide sous-jacent. On ajoute ensuite une goutte d'une solution de soude caustique décinormale. Après agitation, le liquide sous-jacent doit être coloré en rouge.

b) Immédiatement après l'épreuve de distillation (VII), on recueille dans un tube à essai le résidu restant dans le ballon de distillation après refroidissement, et on y ajoute trois fois son volume d'eau distillée. On agite énergiquement. On recueille le liquide sous-jacent à l'aide d'une pipette dans un autre tube d'essai et on ajoute une goutte d'une solution à 1 p. 100 de phénolphtaléine neutre et une goutte d'une solution de soude caustique décinormale. On doit observer une coloration rouge persistante.

IV — Composés sulfurés.

On·détermine la teneur en soufre par la méthode indiquée ci-après :

On opère la combustion par l'air d'une certaine quantité d'essence dont on détermine le poids par pesée de la lampe qui contient l'essence avant et après combustion. Les gaz produits par la combustion traversent une solution d'hypobromite de potassium ou de sodium où ils abandonnent leur soufre sous forme de sulfate de potassium ou de sodium.

La lampe qui sert aux expériences est une lampe commerciale dite « Pigeon », à réservoir petit modèle (forme basse); sur ce réservoir est adapté un bec complet de lampe « Pigeon » grand modèle; cette substitution est faite parce que ce bec est beaucoup plus haut; la flamme étant ainsi plus éloignée du·réservoir, celui-ci s'échauffe moins. Le réservoir est complètement vidé des matières absorbantes qu'il contient. On peut donc facilement le nettoyer pour un nouvel essai. La mèche est celle qui est livrée avec la lampe. Elle est cylindrique, tressée; il est facile de la sortir, de la sécher d'abord au papier buvard, ensuite à une douce chaleur. A titre indicatif, la tare de la lampe complète, vide d'essence, est de 110 grammes environ.

En service, la flamme doit être assez haute : 20 à 25 millimètres. On arrive ainsi à brûler 10 grammes d'essence en trois heures.

Le tube qui sert de verre de lampe est pris sur un tube à combustion de bonne qualité; son diamètre est d'environ 13 millimètres; il est recourbé deux fois et effilé un peu à l'extrémité opposée à la lampe, de manière à pouvoir être introduit dans un bouchon de liège. L'autre extrémité du tube est légèrement évasée de manière à embrasser la partie supérieure du bec, comme il est indiqué sur la figure; l'air a donc accès à la flamme par une couronne annulaire de 2 à 3 millimètres, entourant le bec (fig. 1).

La longueur développée du tube est de 25 à 30 centimètres. La flamme une fois réglée après dix minutes environ de combustion, reste à une hauteur fixe et ne demande plus de surveillance si la trompe d'aspiration marche régulièrement.

La solution absorbante est faite en dissolvant 50 grammes de soude ou de potasse dans un litre d'eau; à 20 centimètres cubes de cette solution, on ajoute quelques gouttes de brome et l'on agite jusqu'à dissolution à faible coloration. Ces 20 centimètres cubes de lessive absorbante sont versés sur les perles de verre dans le tube à absorption. Celui-ci peut avoir la forme indiquée. Pour éviter les entraînements par projection et mousse, il est bon que la partie supérieure du tube à absorption soit renflée.

On évite de façon parfaite les vacillements de la flamme causés par les soubresauts de la colonne liquide en étranglant l'espace par lequel arrivent les gaz brûlés. On y arrive, par exemple, comme il est représenté, en introduisant dans le tube un morceau de baguette de verre, que l'on a effilée à une extrémité et dont on a travaillé l'autre en une tête plate.

Les pesées de la lampe doivent être faites immédiatement avant et après la combustion. Il est illusoire de dépasser l'approximation du centigramme.

L'opération terminée, on fait couler la lessive; on verse dans le tube 20 centimètres cubes d'eau distillée, on lave le tube d'amenée des gaz et les perles en faisant barboter de l'air; on vide et on recommence trois fois ce lavage.

Les eaux de lavage sont réunies à la lessive et on dose le sulfate alcalin formé, par transformation en sulfate de baryum suivant la méthode ordinaire.

Les résultats trouvés sont trop faibles d'environ 4 p. 100 du poids de soufre réel.

V. — CARBURES ÉTHYLÉNIQUES.

Le pourcentage E en carbures éthyléniques (exprimé en amylène) est déterminé par l'indice de brome :

Dans un flacon de 100 centimètres cubes bouché à l'émeri, on met 10 centimètres cubes d'une solution aqueuse à 20 p. 100 d'acide sulfurique à 98 p. 100 et 5 centimètres cubes de l'essence étudiée. On ajoute ensuite avec une burette graduée une solution de bromure et de bromate de potassium ayant la composition suivante :

Bromure de potassium...................... 9 gr. 917.
Bromate de potassium........................ 2 gr. 783.
Eau....................................... 1.000 centimètres cubes.

jusqu'à ce qu'une légère coloration persiste après agitation énergique de cinq minutes. Si n est le nombre de centimètres cubes de la solution de bromure et de bromate ajoutés, l'indice de brome (pourcentage en carbures éthyléniques exprimé en amylène) est $n/10^{es}$ (dans le calcul, on a pris pour densité de l'essence $D = 0{,}700$).

VI. — Carbures aromatiques.

On mesure les températures critiques de dissolution T et T''
avant et après nitration.

Si T' est la température critique de dissolution avant nitration, corrigée des éthyléniques : $T' = T + 0,4\ E$, le pourcentage
en carbures aromatiques est : $Ar = (T'' - T')\ 1,2$.

Détermination de la température critique de dissolution.

On se sert d'un tube à essai fermé par un bouchon, muni
d'un thermomètre à réservoir fin permettant d'évaluer une élé-
vation de température de $0°,1$ à $0°,2$.

On place dans ce tube 1 centimètre cube d'aniline pure et on
ajoute peu à peu l'essence à examiner au moyen d'une pipette
de 1 centimètre cube graduée en $1/10^e$. Après addition de quelques dixièmes de centimètres cubes d'essence, on chauffe le
tube en le plongeant dans un bain-marie constitué par exemple par un vase de Bohême rempli d'eau, et on agite le tube
à essai et son contenu jusqu'à obtenir une solution homogène.
On éloigne alors le feu et on laisse refroidir le bain. A une
température t_1 indiquée par le thermomètre, un trouble très
net se produit brusquement dans le tube; t_1 est la température
de saturation correspondant à la concentration C_1 d'essence
(quantité d'essence contenue dans 100 parties du mélange ani-
line-essence). On ajoute alors de l'essence par fraction de $1/10^e$
de centimètre cube et on détermine comme ci-dessus les températures t_2, t_3, ..., t_n correspondant aux concentrations C_2,
C_3, ... C_n.

A condition que le pourcentage initial d'essence C_1 soit assez
faible, les températures t_1, t_2, etc..., vont d'abord en croissant,
passent par un maximum, puis décroissent. On construit une
courbe en portant les concentrations en abscisses et les températures en ordonnées. Cette courbe présente un maximum; la
température correspondant à ce maximum est la température
critique de dissolution (T. C. D.), par rapport à l'aniline, de
l'essence étudiée. Cette température critique se présente géné-
ralement pour des volumes d'aniline et d'essence qui ne sont
pas très différents.

Elimination par nitration des carbures aromatiques.

Dans un flacon bouché à l'émeri de 150 à 200 centimètres
cubes, on introduit 50 centimètres cubes d'essence environ, on

ajoute peu à peu un mélange sulfonitrique *froid* constitué par
dix parties (en poids) d'acide sulfurique concentré (à 90 p. 100)
et trois parties (en poids) d'acide nitrique fumant (à 89 p. 100).
Après chaque addition du mélange acide, on agite le flacon en
le maintenant dans un courant d'eau froide.

L'essence est décantée, puis on réitère le traitement avec du
mélange sulfonitrique frais en évitant tout réchauffement nota-
ble jusqu'à ce que l'acide décanté ne trouble plus l'eau glacée.

Après nitration, l'essence est soumise au traitement suivant :

Agitation avec son volume d'acide sulfurique qui dissout les
produits nitreux et la petite quantité de dinitrocarbure restés
en solution; cette opération sera répétée deux ou trois fois.

VII. — DISTILLATION.

a) *Appareil d'Engler* (A. S. T. M.) (fig. 2 et 3).

1° *Ballon*. — Le ballon type, d'Engler, de 100 centimètres cubes, est représenté par la figure 2.

Les dimensions et les tolérances admissibles sont les suivantes :

Dimensions du ballon d'Engler.

DESCRIPTION.	Centimètres.	Tolérance en centimètres.
Diamètre extérieur du ballon............	6,5	0,2
Diamètre intérieur du col............	1,6	0,1
Longueur du col..	15	0,4
Longueur du tube de dégagement.....	10	0,3
Diamètre extérieur du tube à dégagement.	0,6	0,05
Diamètre intérieur du tube à dégagement.	0,4	0,05
Epaisseur de la paroi du tube à dégagement.	0,1	0,05

Le tube à dégagement doit être situé à 9 cm±3^{mm} au-dessus de la surface du liquide du ballon chargé de 100 centimètres cubes de liquide. Le tube est approximativement situé au
milieu du col et fait un angle de 75° (tolérance±3°) avec la verticale.

2° *Réfrigérant*. — Le réfrigérant (fig. 3) consiste en un tube en cuivre ou laiton de 56 centimètres de longueur, d'un diamètre intérieur de 1 cm. 4, d'une épaisseur de 0 cm. 1, brasé sans pli. Il fait un angle de 75° avec la verticale et est immergé dans un bac réfrigérant de 35 cm. 5 de longueur sur à peu près 10 centimètres de largeur et 15 centimètres de hauteur (35 cm. 5 × 10 centimètres × 15 centimètres). La partie inférieure du tube est coupée à angle aigu et est courbée vers le bas sur une longueur de 7 cm. 5. Elle est légèrement ramenée en arrière de façon à assurer le contact avec la paroi de l'éprouvette graduée à un point situé à 2 cm. 5 à 3 centimètres au-dessous de l'ouverture de l'éprouvette préparée pour recevoir le distillat.

3° *Enveloppe.* — L'enveloppe est faite d'une feuille de laiton d'une épaisseur de 0 cm. 1. Sa hauteur est de 47 cm. 5, sa longueur de 27 cm. 5; sa largeur est égale à 20 centimètres. Elle est munie d'une porte sur un des côtés étroits, avec deux ouvertures de 2 cm. 5 de diamètre, également espacées sur chaque côté étroit. L'un de ceux-ci est percé d'un trou calibré pour le passage du tube de dégagement. Les centres des quatre ouvertures sont distants de 21 cm .25 du sommet de l'enveloppe. Il y a, en outre, trois trous de 1 cm. 25 dans chacun des quatre côtés. Leurs centres sont à 2 cm. 5 au-dessus de la base de l'enveloppe.

4° *Support annulaire et plaques d'amiante rigides.* — Support annulaire du type ordinaire des laboratoires, d'un diamètre de 10 centimètres ou plus, fixé à un pied placé dans l'enveloppe. Il retient deux feuilles dures d'amiante, l'une de 15 à 15 cm. 6, avec un trou d'un diamètre de 3 cm. 1 en son centre. L'arrêté du trou doit être perpendiculaire à la surface. La seconde plaque destinée à rentrer dans l'enveloppe est percée d'un trou de 10 centimètres de diamètre, concentrique au support annulaire. Le tout est ainsi disposé : la seconde plaque d'amiante est placée sur l'anneau et la première (la plus petite) sur la seconde, si bien qu'elle peut être déplacée pour poser le ballon à distiller. La chaleur est appliquée directement au fond du ballon, mais seulement par le trou de 3 cm. 1 pratiqué dans la première feuille d'amiante.

5° *Brûleur à gaz.* — Il doit donner une chaleur suffisante pour permettre de distiller le produit à la vitesse uniforme spécifiée plus bas. La flamme n'atteindra jamais une largeur telle qu'elle puisse déborder un cercle d'un diamètre supérieur à 8 cm. 75 sur la face inférieure de la feuille d'amiante. Un robinet de réglage sensible est un accessoire nécessaire pour permettre le réglage complet du chauffage.

6° *Thermomètre*. — Le thermomètre pour distillation à basse température, A. S. T. M., sera conforme aux spécifications suivantes :

Longueur totale : 381^{mm}.

Tige : dos émaillé, tube calibré, diamètre 6 à 7^{mm}.

Réservoir : verre Corning normal, Iéna 16 III ou verre thermométrique équivalent, longueur 10 à 15^{mm}, diamètre 5 à 6^{mm}.

Liquide dilatable : mercure.

Graduation : de 0 à 300° centigrades, gradué pour une immersion totale.

Distance du degré 0° centigrade au bas du réservoir : 100 à 110^{mm}.

Distance du degré 300° centigrades au sommet de la tige : 30 à 45^{mm}.

Remplissage à l'azote.

Extrémité de la tige : terminée par un anneau de verre.

Graduation : en degrés centigrades.

Marques spéciales : « A. S. T. M. Basse distillation », numéro de série et marque de fabrique du constructeur gravés sur la tige.

Justesse : l'erreur n'excèdera pas 0°,5 en aucun point de la graduation.

Vérification du non déplacement de la graduation : après chauffage maintenu à 290° centigrades, la justesse doit se maintenir dans les limites spécifiées.

Points à vérifier : 0°, 100°, 200°, 300° centigrades.

7° *Eprouvette graduée*. — Du type cylindrique, d'un diamètre uniforme. Pied moulé ou pressé et bec au sommet. Devra pouvoir contenir 100 centimètres cubes. La portion graduée n'aura pas moins de 17 cm. 5 ni plus de 20 centimètres de longueur. Elle sera graduée par centimètres cubes et chaque 5° trait sera mis en évidence par un trait plus long. Elle sera chiffrée du fond à chaque fraction de 10 centimètres cubes. Le trait 100 ne sera pas à moins de 3 centimètres et à plus de 4 centimètres de l'ouverture. Les erreurs de graduation ne devront pas excéder 1 centimètre cube en aucun point de l'échelle.

8° *Mode opératoire*. — a) Le bac réfrigérant est rempli de glace concassée et d'assez d'eau pour couvrir le tube condenseur. La température sera maintenue entre 0° et 5°.

b) Le tube réfrigérant sera intérieurement essuyé pour enlever tout liquide restant de l'essai précédent. Un morceau d'étoffe douce, attaché à une ficelle ou à un fil de cuivre convient à cet effet.

c) Le réservoir du thermomètre de distillation sera uniformément recouvert de coton hydrophile à longue fibre (pas plus de 5 milligrammes, pas moins de 3). Il sera renouvelé à chaque distillation.

d) On verse dans le ballon 100 centimètres cubes de l'essence mesurés dans l'éprouvette de 100 centimètres cubes, entre 10° et 20°. Eviter l'introduction de toute trace de liquide dans le tube de dégagement.

e) Le thermomètre, muni d'un bouchon de liège, est fixé, à frottement dur, sur le col, de telle façon qu'il en occupe le milieu et que la partie inférieure de la tige soit dans le même plan horizontal que le point de jonction le plus bas du tube à dégagement et du col du ballon.

f) Le ballon chargé est placé sur l'ouverture de 3 cm. 1 de la plaque d'amiante de 15 × 15 centimètres. Le tube à dégagement est fixé au réfrigérant au moyen d'un bouchon serrant bien et de telle sorte qu'il rentre dans le réfrigérant d'au moins 2 cm. 5 et d'au plus 5 centimètres.

g) L'éprouvette graduée, non séchée après la mesure de la charge, est placée au bec du réfrigérant, en une telle position que le tube du réfrigérant pénètre d'au moins 2 cm. 5, mais sans descendre sous le trait 100 de la graduation. Si la température n'est pas comprise entre 10° et 20° centigrades, l'éprouvette est plongée jusqu'au-dessus du trait 100, dans un bain transparent maintenu entre ces températures. L'ouverture de l'éprouvette sera fermée pendant la distillation, avec du papier à filtrer ou toute autre matière équivalente, découpée pour toucher exactement le tube du réfrigérant.

9° Lorsque tout est prêt, on chauffe le ballon à vitesse uniforme, de telle façon que :

a) La première goutte de distillat tombe du réfrigérant entre la cinquième et la dixième minute; la lecture du thermomètre, à ce moment, indique le point d'ébullition initial; l'éprouvette est alors appliquée contre le bec du réfrigérant;

b) La distillation est poursuivie à raison de 4 à 5 centimètres cubes par minute. On lit le thermomètre à chaque trait 10 centimètres cubes atteint dans l'éprouvette;

c) Après avoir noté la température correspondant à 90 p. 100, augmenter le chauffage pour permettre le passage des produits lourds de queue qui ont des points d'ébullition élevés. Cependant, ce réglage, une fois fait, il ne faut plus augmenter l'intensité du chauffage. La vitesse de 4 à 5 centimètres cubes par ... :

nute ne peut être que rarement maintenue du point 90 p. 100 à la fin de la distillation, mais, en aucun cas, la période entre 90 p. 100 et la fin n'excèdera cinq minutes.

d) Poursuivre le chauffage jusqu'à ce que le thermomètre atteigne un maximum, s'y fixe, puis baisse nettement. La plus haute température observée sera notée comme température maxima ou point final. Ce point est ordinairement atteint après que le fond du ballon est à sec.

Le volume total de distillat reçu dans l'éprouvette sera note comme « récupéré ».

Le résidu qui se forme à froid, dans le ballon, sera mesuré dans une petite éprouvette graduée par 0 cc. 1 (opérer bien à froid). Son volume est noté dans l'indication « résidu ».

La perte à la distillation est égale à la différence entre 100 et la somme des volumes « récupérés » + « résidu ».

10° *Sensibilité*. — Avec les soins appropriés et l'observation des détails, les résultats obtenus en double pour un même produit, tant pour le point d'ébullition initial que pour la température maxima, ne doivent pas respectivement différer entre eux de plus de 3°,5.

b) *Appareil de Luynes-Bordas*, modèle 1925 (fig. 4) (1).

I. — Description et dimensions de l'appareil et de ses accessoires.

L'appareil employé pour la distillation des essences est l'ancien appareil Regnault de Luynes, modifié par M. Bordas.

Ses différents organes devront correspondre aux dimensions suivantes :

Chaudière. — A fond plat, en tôle de cuivre de 1 millimètre d'épaisseur. Diamètre : 82 millimètres±1.

Hauteur virole cylindrique, 200 millimètres±2.

Flèche de la calotte tronquée, 12 millimètres±1.

Col, longueur : 75 millimètres±2. Diamètre extérieur : 32 millimètres±1, surmonté d'un bouchon à vis, en laiton, avec presse-étoupe supportant le thermomètre.

Tubulure (raccord laiton rodé 5 pièces de 12 millimètres intérieur), position telle que son axe sur le cylindre est à 175 millimètres±3 du fond de la chaudière. Angle avec la chaudière, 80 degrés±3.

---

(1) Voir *Journal officiel* du 17 novembre 1926, page 12229 : Instruction pour la vérification légale de l'appareil de Luynes-Bordas et du thermomètre l'accompagnant.

Réfrigérant. — Axe vertical à 170 millimètres±3 de l'axe de la chaudière. Tubulure d'arrivée des vapeurs (contre-partie du raccord de 12 millimètres ci-dessus).

Réfrigérant proprement dit, constitué par un tube de cuivre rouge de 1 millimètre d'épaisseur, méplat.

Largeur extérieure : 45 millimètres±1; longueur : 320 milli-mètres.

Epaisseur extérieure : 12 millimètres±1.

Les extrémités du réfrigérant constituées par deux réductions amenant le diamètre à 8-10 millimètres (tube laiton), hauteur de chaque réduction 18 millimètres.

Extrémité supérieure, 95 millimètres, terminée par un bouchon de nettoyage.

Extrémité inférieure, coupée à 45 degrés, longueur moyenne totale 70 millimètres, longueur moyenne dépassante 35 millimètres.

Enveloppe du réfrigérant. — En cuivre rouge de 90 millimètres de diamètre et dont le trop plein permet l'immersion totale de la partie utile du réfrigérant.

Brûleur. — Tout dispositif de chauffage permettant, en se conformant au mode opératoire, d'assurer une vitesse de distillation convenable.

L'emploi d'un robinet pointeau de précision est toujours à recommander.

Capuchon en toile métallique. — Constitué par un disque en tôle de 9/10es de millimètre, diamètre 60 millimètres, surmonté à 15 millimètres de distance d'une couronne de même métal de 120-50 millimètres et dont la partie ouverte est garnie d'une toile métallique à mailles de 1 millimètre.

Ecran protecteur. — Constitué par une enveloppe cylindrique en tôle de 9/10es de millimètre d'épaisseur divisé en trois parties :

1° Partie inférieure, supportant l'appareil de chauffage et le capuchon en toile métallique formant bain d'air, lequel repose sur une assise l'assujettissant au niveau du bas de l'écran projecteur proprement dit;

2° Partie médiane ou écran protecteur proprement dit. Diamètre 120 millimètres, hauteur 240 millimètres;

3° Chapeau protégeant le col de la chaudière s'encastrant sur l'écran précédent, sur 80 millimètres de hauteur, et surmonté d'une retreinte de 80 millimètres de diamètre et 60 millimètres de hauteur.

Support. — Amovible, et permettant d'amener le niveau inférieur de la tubulure de sortie à 25 centimètres du niveau supérieur du plateau.

Thermomètre. — Diamètre de la tige, 5 à 7 millimètres. Réservoir, diamètre légèrement inférieur à celui de la tige. Longueur 15 à 20 millimètres. Graduation, de 0 à 250 degrés C, par degrés. Le 0 à 15-17 centimètres du bas du réservoir. Longueur de la partie graduée 0-250, 19 à 21 centimètres.

Gradué pour une immersion totale.

Portant en gravure le numéro de fabrication et l'inscription suivante : « Appareil de Luynes-Bordas-Vapeurs ».

Récipient mesureur. — Une fiole jaugée de 500 centimètres cubes.

Récipients récepteurs. — Dix-neuf ballons jaugés de 25 centimètres cubes chacun. Exactitude : erreur en plus ou en moins de 0,05 centimètres cubes; l'erreur totale sur les 19 ballons devant être inférieure à 1 centimètre cube. Ces ballons seront du modèle indiqué par la figure 5.

Une éprouvette de 50 centimètres cubes, graduée en centimètres cubes. Longueur de la partie graduée, 14 à 16 centimètres. Hauteur totale, 17 à 20 centimètres.

Exactitude : erreur moindre que 0,5 centimètre cube sur toute la graduation.

II. — Mode opératoire.

S'assurer avant la prise d'essai que la chaudière et le réfrigérant sont parfaitement propres et secs.

500 centimètres cubes d'essence seront mesurés dans la fiole jaugée accompagnant l'appareil et versés dans la chaudière.

Laisser alors la fiole s'égoutter trois minutes.

Placer le thermomètre à une position telle que, le bouchon étant vissé sur la chaudière, son réservoir se trouve en face de l'ouverture de la tubulure.

Employer le capuchon en toile métallique formant bain d'air (la plaque de tôle de celui-ci étant placée du côté de la flamme), et le chapeau supérieur en tôle.

S'assurer que la chaudière est bien centrée par rapport à l'écran protecteur.

Dès que l'appareil est prêt à fonctionner, allumer et donner au pointeau une ouverture telle que la première goutte s'écoule au bas du réfrigérant, plus de quinze minutes et moins de vingt minutes après l'allumage.

— 18 —

La vitesse de distillation devra être telle que le 1/20° ou 25 centimètres cubes s'écoulent dans un espace de temps compris entre deux et cinq minutes, et en faisant en sorte de ne faire varier autant que possible le chauffage que dans le sens de l'accroissement.

Vers la fin de la distillation, cette vitesse pourra en général difficilement être maintenue, mais on devra faire en sorte qu'elle ne soit à aucun moment inférieure à une goutte par seconde.

Le chauffage sera arrêté dès que le thermomètre indiquera la température de 205° centigrades, à moins qu'au-dessous de cette température la vitesse de distillation soit inférieure à une goutte par seconde pendant trois minutes consécutives. Le chauffage serait arrêté à ce moment.

III. — Consignation des résultats.

Lorsque la première goutte tombe de l'extrémité du réfrigérant, lire la température indiquée par le thermomètre et la noter comme température de début de la distillation.

Recueillir ensuite le distillat par portions successives de 25 centimètres cubes à l'aide des dix-neuf ballons jaugés de 25 centimètres cubes. Noter la température atteinte par le thermomètre au moment où le contenu de chacun des ballons atteint le trait de jauge.

Laisser le réfrigérant s'égoutter trois minutes dans l'éprouvette de 50 centimètres cubes et ajouter dans cette même éprouvette le résidu recueilli dans la chaudière de distillation après l'avoir laissée refroidir et l'égoutter trois minutes.

Lire le volume de liquide ainsi recueilli et l'ajouter au volume recueilli dans les dix-neuf ballons de 25 centimètres cubes.

NOTA. — 1° Tous les volumes des liquides prélevés ou recueillis devront être mesurés à une température comprise entre 10 et 20° centigrades.

La pression barométrique sera relevée au moment de l'expérience et consignée par la fiche d'analyse, en vue de corrections possibles.

2° A défaut de l'appareil de Luynes-Bordas, modèle 1925, décrit ci-dessus, on peut employer l'appareil du modèle antérieur (fig. 6), qui ne diffère de l'appareil nouveau modèle que par des détails de construction qui sont sans influence appréciable sur les résultats des essais de distillation.

Paris, le 18 novembre 1926.

VU ET APPROUVÉ :

Pour le Ministre et par son ordre :

L'Inspecteur général, Directeur du Service des poudres,

Signé : BRIOTET.

Appareil d'Engler pour la détermination de la teneur en soufre.

Echelle 1/4.

LÉGENDE.

A. Lampe Pigeon dépourvue de son garnissage en étoupe.
B. Cheminée en verre destinée à recevoir le bec de la lampe et à recueillir les produits de la combustion.
C. Tube absorbeur rempli de billes de verre.
D. Soupape.
E. Robinet d'écoulement du réactif.
F. Tube d'aspiration relié à une trompe à eau.

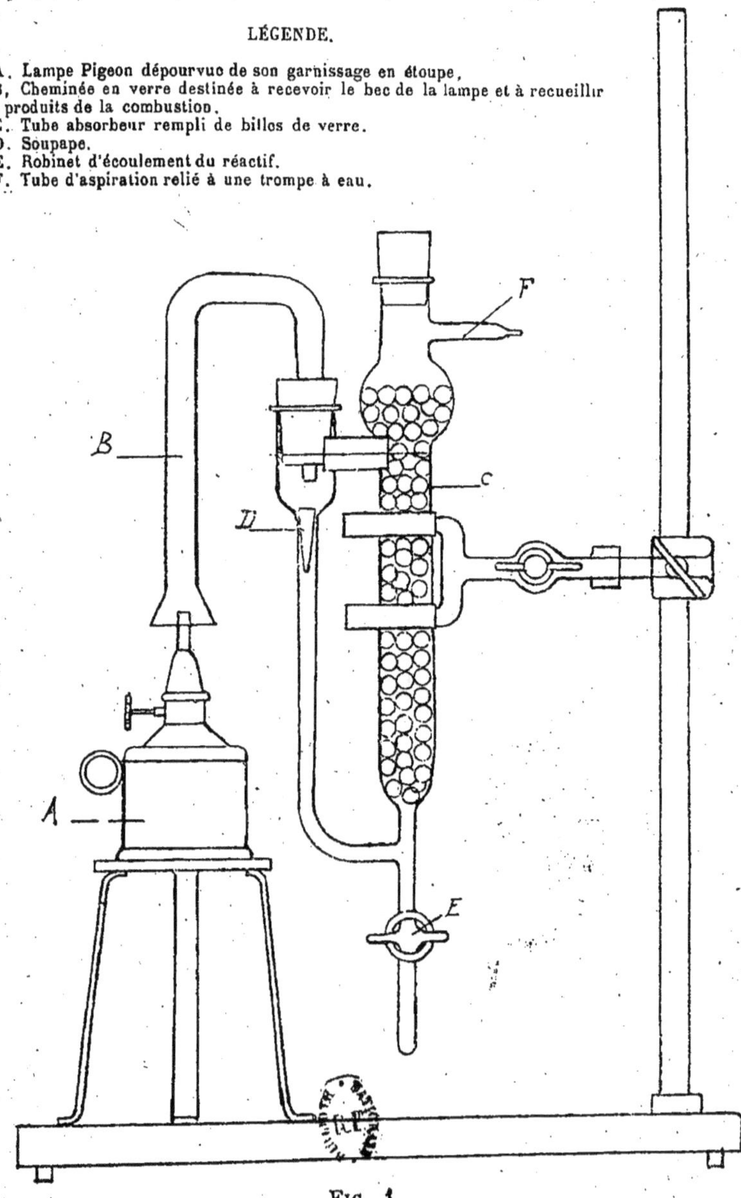

FIG. 1.

Appareil d'Engler (A. S. T. M.) pour étude de la distillation des hydrocarbures liquides.
Chauffage au gaz.

Echelle 1/3.

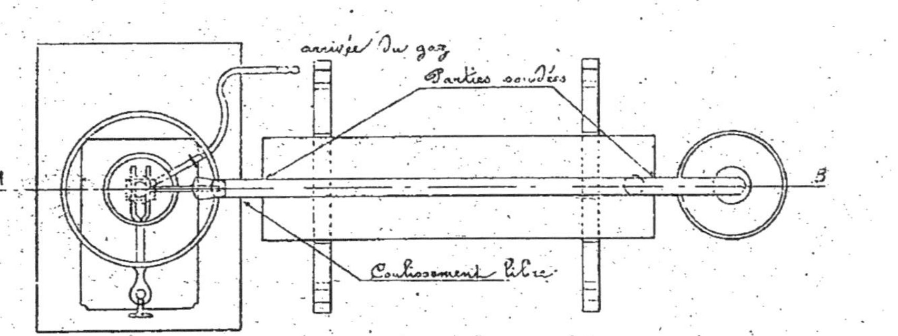

Vue en plan, la toile d'amiante étant enlevée.

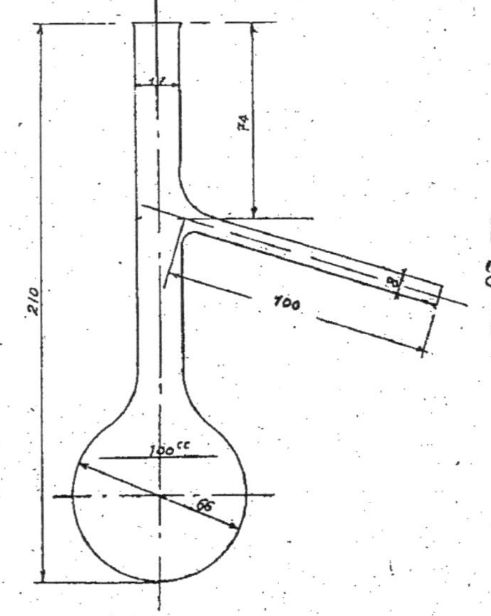

Détail du ballon.

Fig 2.

Appareil d'Engler (A. S. T. M.).
Echelle 1/8°.

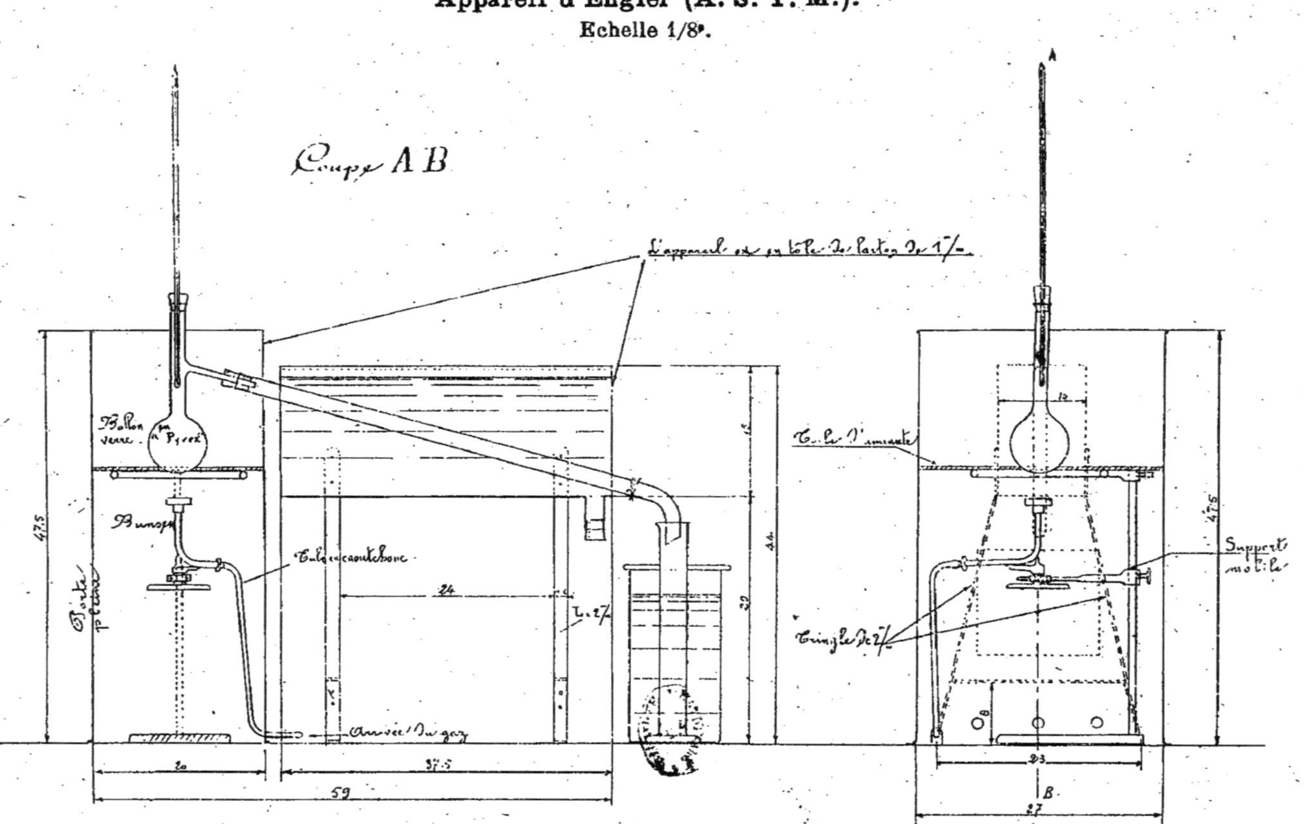

Fig. 3.

Appareil de Luynes-Bordas (modèle 1925)
pour étude de distillation
des hydrocarbures liquides.

Chauffage au gaz.

Echelle 1/5°.

R. LEQUEUX
INGÉNIEUR-CONSTRUCTEUR
64, rue Gay-Lussac, 64
PARIS

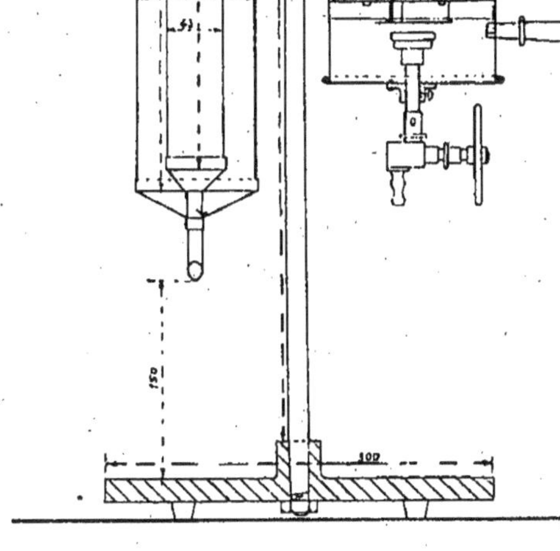

Fig. 4.

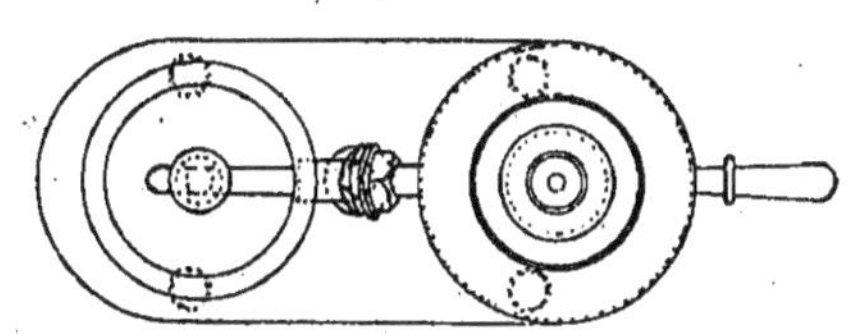

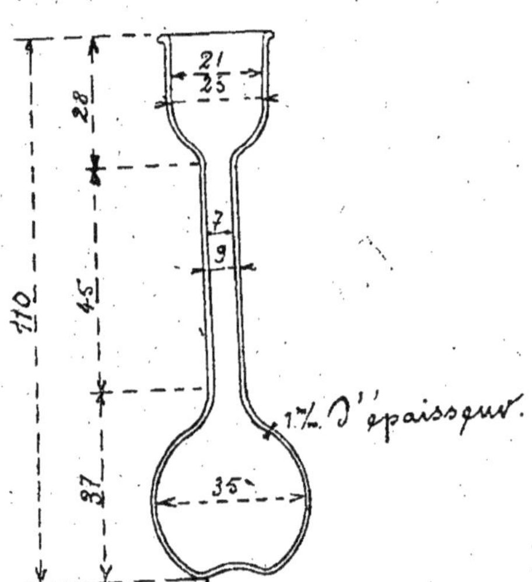

Fig.

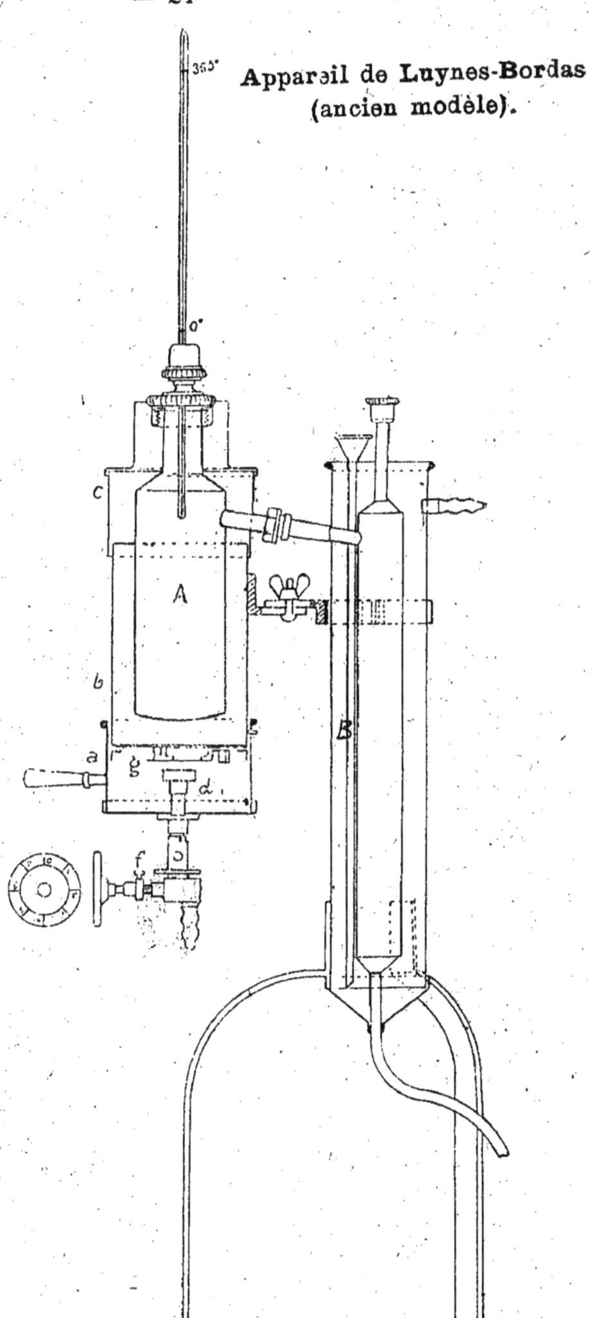

Appareil de Luynes-Bordas
(ancien modèle).

FIG. 6.